I0709655

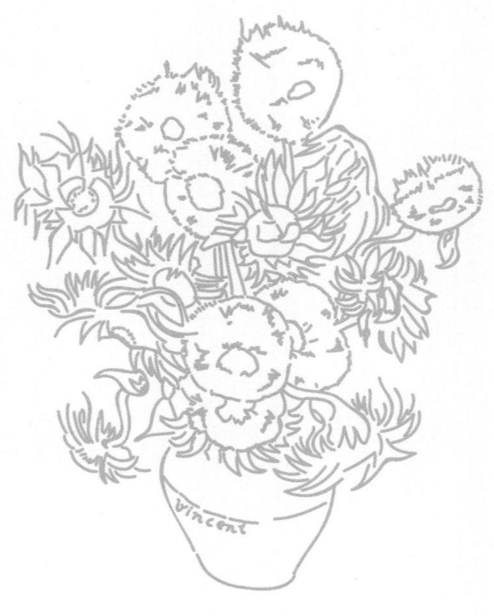

BELONGS TO:

____

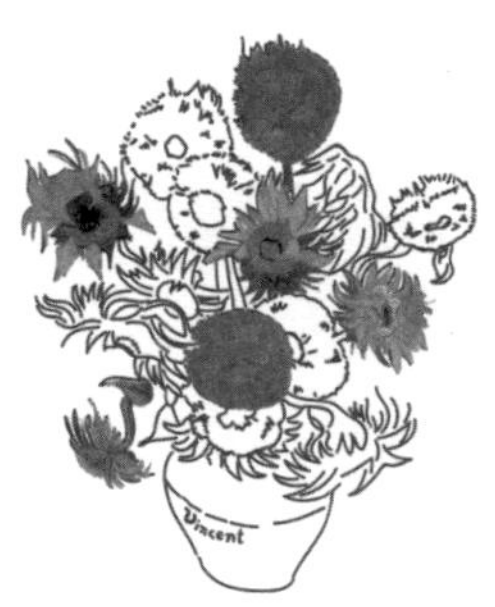

HOW TO USE THIS JOURNAL

Use this memory book to record three years of events or thoughts most worth remembering.

Find today's calendar date to start your memory journal. Record your first entry at the top of the page. Add your thoughts or reflections of the day. Make sure to include the year. Continue to fill out the journal throughout the year.

When the first year is filled, begin your next year on the second entry line. Proceed until all three years are filled in. At the end of three years, you will have a condensed, comparative record to reflect on.

JANUARY 1

20 __

20 __

20 __

JANUARY 2

20___

20___

20___

JANUARY 3

20

20

20

JANUARY 4

20

20

20

JANUARY 5

20

20

20

JANUARY 6

20

20

20

JANUARY 7

20

20

20

JANUARY 8

20

20

20

JANUARY 9

20

20

20

JANUARY 10

20 ___

20 ___

20 ___

JANUARY 11

20 ___

20 ___

20 ___

JANUARY 12

20 ___

20 ___

20 ___

20

20

20

JANUARY 14

20 ___

20 ___

20 ___

20 ___________________

20 ___________________

20 ___________________

JANUARY 16

20 ___

20 ___

20 ___

20 ___

20 ___

20 ___

JANUARY 18

20 ___

20 ___

20 ___

JANUARY 19

20

20

20

JANUARY 20

20 ___

20 ___

20 ___

20 _______________________

20 _______________________

20 _______________________

JANUARY 22

20 ___

20 ___

20 ___

JANUARY 23

20 ___

20 ___

20 ___

JANUARY 24

20

20

20

JANUARY 25

20

20

20

JANUARY 26

20 ___

20 ___

20 ___

JANUARY 27

20

20

20

JANUARY 28

20

20

20

JANUARY 29

20

20

20

20

20

20

JANUARY 31

20

20

20

FEBRUARY 1

20

20

20

FEBRUARY 2

20

20

20

FEBRUARY 3

20 ___________________

20 ___________________

20 ___________________

FEBRUARY 4

20

20

20

FEBRUARY 5

20 ___

20 ___

20 ___

FEBRUARY 6

20

20

20

FEBRUARY 7

20

20

20

FEBRUARY 8

20

20

20

FEBRUARY 9

20

20

20

FEBRUARY 10

20

20

20

FEBRUARY 11

20

20

20

FEBRUARY 12

20___

20___

20___

FEBRUARY 13

20

20

20

FEBRUARY 14

20

20

20

FEBRUARY 15

20

20

20

FEBRUARY 16

20

20

20

FEBRUARY 17

20

20

20

FEBRUARY 18

20

20

20

FEBRUARY 19

20 ___

20 ___

20 ___

20 ___________________

20 ___________________

20 ___________________

FEBRUARY 21

20 _______

20 _______

20 _______

FEBRUARY 22

20 _______

20 _______

20 _______

FEBRUARY 23

20

20

20

20

20

20

FEBRUARY 25

20

20

20

FEBRUARY 26

20

20

20

FEBRUARY 27

20

20

20

FEBRUARY 28

20 ___

20 ___

20 ___

FEBRUARY 29

20 ___

MARCH 1

20 ____________________

20 ____________________

20 ____________________

20

20

20

MARCH 3

20

20

20

MARCH 4

20

20

20

MARCH 5

20

20

20

20 ___

20 ___

20 ___

MARCH 7

20

20

20

MARCH 8

20 ___

20 ___

20 ___

MARCH 9

20 ___

20 ___

20 ___

MARCH 10

20 ___

20 ___

20 ___

20

20

20

MARCH 12

20

20

20

MARCH 13

20 ____

20 ____

20 ____

MARCH 14

20

20

20

MARCH 15

20

20

20

MARCH 16

20 ___

20 ___

20 ___

MARCH 17

20

20

20

20

20

20

MARCH 19

20 _______________

20 _______________

20 _______________

MARCH 20

20 ________

20 ________

20 ________

MARCH 21

20 ___________________

20 ___________________

20 ___________________

MARCH 22

20

20

20

MARCH 23

20

20

20

MARCH 24

MARCH 25

20 ___

20 ___

20 ___

20

20

20

MARCH 27

20___

20___

20___

20

20

20

20

20

20

20

20

20

MARCH 31

20 —

20 —

20 —

APRIL 1

20

20

20

APRIL 2

APRIL 3

20 —

20 —

20 —

20 ___________________________

20 ___________________________

20 ___________________________

APRIL 5

20 ______

20 ______

20 ______

20 ___________________

20 ___________________

20 ___________________

APRIL 7

20

20

20

APRIL 8

20 ___

20 ___

20 ___

APRIL 9

20

20

20

APRIL 10

20 ___

20 ___

20 ___

APRIL 11

20 ______

20 ______

20 ______

APRIL 12

20

20

20

APRIL 13

20 ___

20 ___

20 ___

20 _______________

20 _______________

20 _______________

APRIL 15

20

20

20

APRIL 16

20

20

20

20 ____________________

20 ____________________

20 ____________________

APRIL 18

20 ____________________

20 ____________________

20 ____________________

20 ____________________

20 ____________________

20 ____________________

APRIL 20

20

20

20

20 ____

20 ____

20 ____

20

20

20

20

20

20

APRIL 24

20

20

20

APRIL 25

20 ___

20 ___

20 ___

APRIL 26

20

20

20

20

20

20

20 ___________

20 ___________

20 ___________

20

20

20

20 ⎯⎯⎯⎯⎯⎯⎯⎯⎯⎯⎯⎯

20 ⎯⎯⎯⎯⎯⎯⎯⎯⎯⎯⎯⎯

20 ⎯⎯⎯⎯⎯⎯⎯⎯⎯⎯⎯⎯

MAY 1

20

20

20

MAY 2

20

20

20

MAY 3

20

20

20

MAY 4

20

20

20

MAY 5

20

20

20

MAY 6

20

20

20

MAY 7

20 —

20 —

20 —

MAY 8

20 ___

20 ___

20 ___

MAY 9

20

20

20

MAY 10

20

20

20

20

20

20

MAY 12

20

20

20

20 ___

20 ___

20 ___

MAY 15

20

20

20

MAY 16

20 ___

20 ___

20 ___

MAY 17

20

20

20

20

20

20

20

20

20

MAY 20

20

20

20

MAY 21

20 ____

20 ____

20 ____

MAY 22

20

20

20

20

20

20

20

20

20

MAY 25

20 ___

20 ___

20 ___

20

20

20

MAY 27

20 ___

20 ___

20 ___

MAY 28

20 ___

20 ___

20 ___

MAY 29

20

20

20

MAY 30

20

20

20

MAY 31

20

20

20

JUNE 1

20 ___

20 ___

20 ___

JUNE 2

20

20

20

JUNE 3

20

20

20

JUNE 4

20 ___________

20 ___________

20 ___________

20__

20__

20__

JUNE 6

20

20

20

JUNE 7

20 ___

20 ___

20 ___

JUNE 8

20 ___

20 ___

20 ___

JUNE 9

20

20

20

JUNE 10

20

20

20

JUNE 11

20

20

20

JUNE 12

20

20

20

JUNE 13

20

20

20

20

20

20

JUNE 15

20 ___

20 ___

20 ___

JUNE 16

20

20

20

JUNE 17

20 ___

20 ___

20 ___

JUNE 18

20 _______

20 _______

20 _______

JUNE 19

20 ______

20 ______

20 ______

JUNE 20

20 ___________

20 ___________

20 ___________

JUNE 21

20 _____

20 _____

20 _____

JUNE 22

20

20

20

JUNE 23

20 ＿＿＿＿＿＿＿＿＿＿＿＿＿＿＿

20 ＿＿＿＿＿＿＿＿＿＿＿＿＿＿＿

20 ＿＿＿＿＿＿＿＿＿＿＿＿＿＿＿

JUNE 24

20 ———

20 ———

20 ———

JUNE 25

20

20

20

JUNE 26

20 ___

20 ___

20 ___

JUNE 27

20 ___

20 ___

20 ___

JUNE 28

20

20

20

JUNE 29

20 —

20 —

20 —

JUNE 30

20

20

20

JULY 1

20 _______________

20 _______________

20 _______________

20

20

20

JULY 3

20

20

20

JULY 4

20 —

20 —

20 —

JULY 5

20

20

20

JULY 6

20

20

20

JULY 7

20

20

20

JULY 8

20

20

20

JULY 9

20 ___________________

20 ___________________

20 ___________________

JULY 10

20

20

20

20 _______________

20 _______________

20 _______________

JULY 12

20

20

20

JULY 13

20 ___

20 ___

20 ___

20 __

20 __

20 __

JULY 15

20 ____________________

20 ____________________

20 ____________________

JULY 16

20 _______

20 _______

20 _______

20

20

20

JULY 18

20

20

20

20

20

20

20

20

20

20 ___________________

20 ___________________

20 ___________________

20

20

20

JULY 23

20 ___________________

20 ___________________

20 ___________________

20 ____

20 ____

20 ____

20

20

20

JULY 26

20

20

20

JULY 27

20

20

20

20

20

20

JULY 29

20 ____

20 ____

20 ____

JULY 30

20

20

20

JULY 31

20

20

20

AUGUST 1

20 —

20 —

20 —

AUGUST 2

20 ______

20 ______

20 ______

AUGUST 3

20

20

20

AUGUST 4

20 ___________________

20 ___________________

20 ___________________

AUGUST 5

20

20

20

AUGUST 6

20

20

20

AUGUST 7

20

20

20

AUGUST 8

AUGUST 9

20

20

20

AUGUST 10

20 ____

20 ____

20 ____

AUGUST 11

20 _____

20 _____

20 _____

AUGUST 12

20 ———

20 ———

20 ———

AUGUST 13

20 _______________

20 _______________

20 _______________

AUGUST 14

20

20

20

AUGUST 15

20

20

20

AUGUST 16

20

20

20

20

20

20

AUGUST 18

20 ___________________

20 ___________________

20 ___________________

20

20

20

AUGUST 20

20

20

20

20

20

20

AUGUST 22

20 ———

20 ———

20 ———

AUGUST 23

20 ______

20 ______

20 ______

AUGUST 24

20

20

20

20

20

20

AUGUST 26

20

20

20

AUGUST 27

20 _______________________

20 _______________________

20 _______________________

AUGUST 28

20

20

20

20

20

20

20 ___

20 ___

20 ___

20 ___________________

20 ___________________

20 ___________________

SEPTEMBER 1

20 ____

20 ____

20 ____

SEPTEMBER 2

20

20

20

SEPTEMBER 3

20 ___

20 ___

20 ___

SEPTEMBER 4

20

20

20

SEPTEMBER 5

20

20

20

SEPTEMBER 6

20

20

20

SEPTEMBER 7

20 ___

20 ___

20 ___

SEPTEMBER 8

20 ___

20 ___

20 ___

SEPTEMBER 9

20

20

20

20

20

20

20 _______________

20 _______________

20 _______________

SEPTEMBER 12

20

20

20

20

20

20

20 ____________________

20 ____________________

20 ____________________

SEPTEMBER 15

20

20

20

SEPTEMBER 16

20

20

20

20

20

20

20

20

20

SEPTEMBER 19

20

20

20

20

20

20

SEPTEMBER 21

20

20

20

20 ________________

20 ________________

20 ________________

SEPTEMBER 23

20 _______________

20 _______________

20 _______________

SEPTEMBER 24

20

20

20

SEPTEMBER 25

20

20

20

SEPTEMBER 26

20

20

20

20 _______________

20 _______________

20 _______________

SEPTEMBER 28

20

20

20

SEPTEMBER 29

20

20

20

SEPTEMBER 30

OCTOBER 1

20

20

20

20

20

20

OCTOBER 3

20 ___________________

20 ___________________

20 ___________________

OCTOBER 4

20

20

20

OCTOBER 5

20

20

20

OCTOBER 6

20

20

20

OCTOBER 7

20

20

20

OCTOBER 8

20

20

20

OCTOBER 9

20 ____________________

20 ____________________

20 ____________________

OCTOBER 10

20 ___

20 ___

20 ___

OCTOBER 11

20

20

20

OCTOBER 12

20 —

20 —

20 —

OCTOBER 13

20

20

20

OCTOBER 14

20

20

20

OCTOBER 15

20 _______________

20 _______________

20 _______________

OCTOBER 16

20 ___

20 ___

20 ___

OCTOBER 17

20 ___________

20 ___________

20 ___________

OCTOBER 18

20

20

20

OCTOBER 19

20

20

20

OCTOBER 20

20 _______

20 _______

20 _______

OCTOBER 21

20

20

20

OCTOBER 22

20 ____

20 ____

20 ____

OCTOBER 23

20 ____________________

20 ____________________

20 ____________________

OCTOBER 24

20

20

20

OCTOBER 25

20 ___

20 ___

20 ___

OCTOBER 26

20 ___________________________

20 ___________________________

20 ___________________________

OCTOBER 27

20 ____________________

20 ____________________

20 ____________________

OCTOBER 28

20

20

20

OCTOBER 29

20

20

20

OCTOBER 30

20 ___

20 ___

20 ___

OCTOBER 31

20

20

20

20

20

20

NOVEMBER 2

20

20

20

NOVEMBER 3

20 ___________

20 ___________

20 ___________

NOVEMBER 4

20

20

20

NOVEMBER 5

20

20

20

20 ___________________

20 ___________________

20 ___________________

NOVEMBER 7

20 _______

20 _______

20 _______

NOVEMBER 8

20

20

20

NOVEMBER 9

20

20

20

NOVEMBER 10

20 ___

20 ___

20 ___

NOVEMBER 11

20 __________________

20 __________________

20 __________________

NOVEMBER 12

20 ____

20 ____

20 ____

NOVEMBER 13

20

20

20

NOVEMBER 14

20

20

20

NOVEMBER 15

20 _______

20 _______

20 _______

NOVEMBER 16

20 ____

20 ____

20 ____

NOVEMBER 17

20 ____

20 ____

20 ____

NOVEMBER 18

20 ______________________________

20 ______________________________

20 ______________________________

NOVEMBER 19

<20>

<20>

<20>

NOVEMBER 20

20 ____________________

20 ____________________

20 ____________________

20

20

20

NOVEMBER 22

20 _______________

20 _______________

20 _______________

NOVEMBER 23

20 _______________

20 _______________

20 _______________

NOVEMBER 24

20

20

20

NOVEMBER 25

20

20

20

NOVEMBER 26

20 ___________________

20 ___________________

20 ___________________

20

20

20

NOVEMBER 28

20

20

20

NOVEMBER 29

20

20

20

NOVEMBER 30

20 ___

20 ___

20 ___

DECEMBER 1

20

20

20

DECEMBER 2

20 ______

20 ______

20 ______

DECEMBER 3

20

20

20

DECEMBER 4

20

20

20

DECEMBER 5

20

20

20

DECEMBER 6

20

20

20

DECEMBER 7

20___

20___

20___

DECEMBER 8

20 _______________

20 _______________

20 _______________

20

20

20

DECEMBER 10

20

20

20

DECEMBER 11

20

20

20

DECEMBER 12

20

20

20

DECEMBER 13

20___

20___

20___

DECEMBER 14

20 ___________

20 ___________

20 ___________

DECEMBER 15

20

20

20

DECEMBER 16

20

20

20

DECEMBER 17

20

20

20

DECEMBER 18

20 ___

20 ___

20 ___

DECEMBER 19

<20>

<20>

<20>

DECEMBER 20

20 ____

20 ____

20 ____

20 ___________________________________

20 ___________________________________

20 ___________________________________

DECEMBER 22

20

20

20

DECEMBER 23

20

20

20

DECEMBER 24

20 ___

20 ___

20 ___

DECEMBER 25

20 ___

20 ___

20 ___

DECEMBER 26

20

20

20

DECEMBER 27

20

20

20

DECEMBER 28

20 ___________________

20 ___________________

20 ___________________

DECEMBER 29

20

20

20

20

20

20

DECEMBER 31

20

20

20

DATES TO REMEMBER

REFLECTIONS

REFLECTIONS

REFLECTIONS

REFLECTIONS

REFLECTIONS

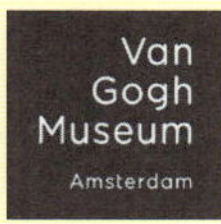

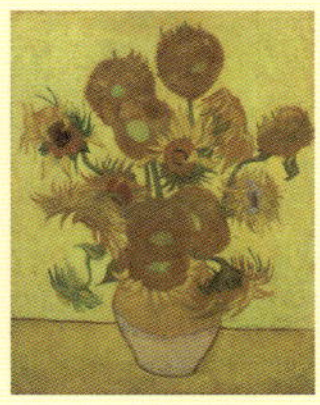

Vincent van Gogh (1853 – 1890)
Sunflowers, Arles, January 1889
Oil on canvas, 95 cm x 73 cm

Van Gogh Museum, Amsterdam
(Vincent van Gogh Foundation)

The Insight Editions x Van Gogh Museum collaboration elevates everyday objects in unexpected and imaginative ways to make the life and work of Vincent van Gogh known around the world.

Your purchase supports the work of the Van Gogh Museum

INSIGHTS
insighteditions.com